अध्वन्

ज़िंदगी का सफ़रनामा

कुणाल मल्होत्रा

BookLeaf Publishing
India | USA | UK

Made with ❤ on the BookLeaf Publishing Platform
www.bookleafpub.in
www.bookleafpub.com

Dedication

उन सभी लोगों को, जिन्होंने मेरी ज़िन्दगी में किसी न किसी रूप में छाप छोड़ी। इस किताब में मेरी यात्रा और आपके योगदान की झलक है।

Preface

अध्वन् - ज़िंदगी का सफ़रनामा - यह पुस्तक मेरे जीवन की यात्रा की गवाही है, एक यात्रा जो उतार-चढ़ाव, संघर्षों और खुशियों से भरी हुई रही है। प्रत्येक कविता में मैंने अपनी भावनाओं, अनुभवों, और उन कठिन पलों को पिरोने की कोशिश की है जिन्होंने मुझे आज यहाँ तक पहुँचाया। जब मैं शब्दों के बीच अपनी कहानियाँ ढूंढता था, तब यही कविता मेरे दिल का संवाद बन गई, एक माध्यम जिसके द्वारा मैं अपने भीतर की गहरी सोच और संवेदनाओं को व्यक्त कर सका।

Acknowledgements

यह पुस्तक उन सभी के नाम, जिन्होंने मेरी यात्रा के हर कदम पर मेरा साथ दिया, मुझे समझा और प्रेरित किया।

विशेष रूप से, मेरे परिवार को, जिनका प्रेम और समर्थन मेरी शक्ति बने।

और उन अजनबियों को, जिन्होंने अपने शब्दों और कृत्यों से मेरी राह को रोशन किया।

यह कविताएँ मेरे जीवन के अनुभवों की सच्ची गवाही हैं, जो उन सभी के लिए समर्पित हैं, जिन्होंने मेरे भीतर की आवाज़ को सुना।

1. ~ ठहरे हुए दरिया ~

ठहरे हुए दरिया , अक्सर गहरे हुआ करते हैं ।
अकारण नहीं है ये , हादसे चाहे ख़ूबसूरत हों या दर्दनाक - बेबात तो नहीं हुआ करते हैं ।

जो स्थिर हैं , वो कल फिर चलेंगे - सदा के लिए यहाँ कौन रुका करते हैं ।
कुछ पल इत्मिनान रखिए साहब - सब्र के फल तो मीठे हुआ करते हैं ।

आदतन व बेसबब ना छेड़िए ना मारिए - कंकर इस तल में ,
अक्सर ऐसे में हँसते हुए फूल भी दम तोड़ दिया करते हैं -
ज्वालामुखी यकायक ही तो धुआँ हुआ करते हैं ।

जो जैसा है , पहचानिये - अपनाइए - सराहिए , इस अंतर्जल - व्योम - धरातल में।
राज-ए-गहराइयों में उतरने वाले डूबते ही हैं , वो उबरा कहाँ करते हैं - आख़िरकार प्रकृति के भी कुछ तो उसूल हुआ करते हैं ।

ज़रूरी नहीं हर कश्ती लहरों से लड़ने उतरती है जल में जनाब - कुछ पल सुकून के भी हुआ करते हैं - ये पल भी तो नसीब वालों को नसीब हुआ करते हैं ।

ठहरे हुए दरिया , अक्सर गहरे हुआ करते हैं . . .

2. ~ चारों तरफ़ है पानी ~

कुछ रूका-रूका सा इधर है पानी ,
कुछ क़लक़ल करता उधर ये पानी । अपनी -अपनी सीमाओं में मचल रहा है शीतल पानी ।

इस संसारी ओछेपन से , झूठेपन से , वहशीपन से , लालचमन से , औद्योग़ीकण से ; पल -पल घटते वन जीवन से - कैसे बचेगा निर्मल पानी ।

ज़िद्द पे अपनी आ जाए तो आग उगलता है यही पानी ।

मेरे हिस्से के थके पानी में अक्स अब भी साफ़ दिखता है , सिर्फ़ चेहरा रोशन नहीं है (कुणाल) रूह तक माह्ताब दिखता है ।हाथ लगाकर देख ज़रा तू कितना मैला तेरा बहता पानी ।

रहता है मर्यादा में तब तक , जब तक है पवित्र ये पानी ।

कहीं नालों में अचल ये पानी ,नदी समुन्दर सचल है पानी । कहीं बरसता और ठिठक़ता , कहीं शर्म से पानी-पानी । काला पानी - नीला पानी ,ख़ारा पानी - मीठा पानी , बाक़ी सारा जीवन फ़ानी ।

मैं भी पानी - तू भी पानी ;
ठहरा पानी - चलता पानी . . .

3. ~ दश्त -ए - मोहब्बत ~

कई बार ऐसी परिस्थितियाँ जीवन में आती हैं, जो हमेशा के लिए रहने के लिए आती हैं - मसलन कोई पुरानी बीमारी जो सालों से आपके साथ है और आगे भी रहने वाली है - जिसका कोई अंत नहीं है वर्तमान में। ऐसे क्षणों में कभी - कभी इंसान टूट जाता है मगर वही परिस्थिति जीवन बदलने का नज़रिया भी देती है, और जब ऐसा अनुभव होता है तो उसकी रहमतों के सिवा कुछ नही दिखता . . .

कैफ़ियत-ए-ख़ास मेरी रगों में भी रवां है ,
दिन कहूँ या रात मुझसे तो दोनो ही ख़फ़ा हैं ।

इस दश्त के सफ़र में ना धूप है ना हवा है ।
मेरे ख़्वाब तो अब भी ज़िंदा हैं -
ये दिल - आँखें या सांसें नहीं जो रेज़ा रेज़ा है ।

यूँ तो इक उम्र से हूँ तनहा - इस दश्त में अंधा लरजा है ,
अब कौन समझाए उन्हें इस लरजे में भी अपना मज़ा है।

जहनसीब हूँ शायद कि शख़्सियत मेरी अब भी जवाँ है ,
इस मर्ज़ की भला कौनसी दवा है ।मुझे फ़र्क़ नहीं पड़ता यहाँ कौन किसका ख़ुदा है ,
अव्वल मेरी दुआ है - आख़ीर वफ़ा है . . .

लरजा - काँपना - थरथराना - रोमांच

दश्त – इसे रेगिस्तान का वो इलाका कह सकते हैं, जो एक **'ना-मानूस ज़मीन'** हो। ऐसी जगह जहाँ न कोई रास्ता साफ़ दिखे, न ये पता हो कि कौन सा रास्ता, कितना आगे, कहाँ तक राहत तक ले जाएगा। रेगिस्तान में भटकने या सफ़र करने की अनजान और अनदेखी हकीकत।

एक वीरान रेगिस्तान जहाँ सिर्फ़ खुदा का नाम हो, और डर से कांपता हुआ एक सूना सन्नाटा।

टाइप 1 डायबिटीज मेरे लिए एक 'दश्त' की तरह है।

चाहे जितनी तैयारी कर लो, चाहे जितनी मेहनत कर लो, फिर भी कभी यह नहीं पता होता कि आगे क्या होने वाला है।

ये सफर कभी खत्म नहीं होता—ना समय का अंदाज़ा, ना दिशा का पता, फिर भी चलते ही जाना है।

"और मुझे इस दश्त के सफर से मोहब्बत हो गई है..."

4. ~ वक़्त की मार ~

कवि उदास है ~ लिखना नहीं चाहता है)

वक़्त कतता जा रहा है, दर्द बढ़ता जा रहा है ।
नसीब रुलाता जा रहा है, साहिल धुँधलाता जा रहा है ।

आलम कुछ ऐसा है की पिघले नीलम को और पिघलाए जा रहा है,
मेरे अरमानो की चिता को बदस्तूर आग लगाए जा रहा है ।

ये कैसा ख़ुदा है मेरा जो अब भी दूर खड़ा मुस्कुराए जा रहा है,
वक़्त कतता जा रहा है, दर्द बढ़ता जा रहा है ।

(परिस्थिति बदली ~ कवि लिखना चाहता है)

मैंने वक़्त से समझौता कर लिया है , बेहिसाब लुटाता था -
अब फ़क़त अपने लिए मुक़र्रर कर लिया है ।

यूँ तो मेरा कल भी लाजवाब था , आज भी बेहतरीन है -
तो क्या हुआ कलाई में घड़ी उधार की है 'कुणाल' -
वो भी दौर था जब मैंने इक शख़्स को ये वक़्त नगद ख़रीद कर दिया है ।

मैं इस वक़्त से नहीं , ये वक़्त मुझसे है -
नादान हूँ शायर फ़ैसला मगर सोच समझ कर लिया है -
ये समझौता तो बस पल दो पल के लिए किया है ।

पहले आँख से दूर होगा , फिर दिल से उतर जाएगा ।
गुजरूँगा मैं गर - तो गुज़र ये वक़्त भी जाएगा . . .

5. ~ अब मेरी बारी है ~

आज फिर एक पूरी रात जाग कर गुज़ारी है - .
काफ़ी रक़म चुकाई है - क्या कहा ? कुछ अब भी उधारी है।

मौसम सुकून का है, फिर भी ना जाने क्यूँ पल-पल बेज़ारी है।
कुछ वक़्त का तक़ाज़ा था - कुछ रिश्तों की लाचारी है।

अब तो ना हिज्र का रोना है - ना ही वस्ल की इंतज़ारी है।
साया दूर तलक नहीं - क्यूँ सांसें तेरी अब भी भारी हैं।

इक तू ही नहीं रहगुज़र - ख़ुशनुमा दुनिया सारी है।
है इश्क़ नहीं - सुना है ये तो उम्र भर साथ चलने वाली बीमारी है।

मैं पूर्णमास बन जाऊँगा - दिनकर भी जिसका आभारी है।

कल तेरा था - अब मेरी बारी है।
कल तेरा था - अब मेरी बारी है. . .

6. ~ आधा या पूरा ~

कुछ अधूरा है - अब लगता है यही पूरा है ,

चाहतों का रंग कच्चा है - मगर गूढ़ा है ।

इस तेज़ भागती दुनिया में , जो ना भागे - वही तो भगोड़ा है ,

पूछो उनसे जिनकी छाती पे पड़ता ये हथोड़ा है ।

ज़रा उम्र तो देखो इश्क़ की - कमबख़्त कितना बूढ़ा है ।

आधा निवाला(दया भाव) - आधा प्याला(प्रेम)- आधा बिस्तर(मृत्यु शय्या)
आधी भूख - आधी प्यास - आधी नींद से जब मिल बैठे ,

एहसास हुआ - जीवंत पहेली का यही तो सबसे अहम जोड़ा है ।

आधे में ही पूरी सृष्टि समायी है -
अधूरे राम -
अधूरे कृष्ण -
अधूरा अश्वमेध यज्ञ - बिन घोड़ा है ।

जिस जिस को हुआ अपने पूर्ण होने का भ्रम -
समय समय पर समय ने ही उसके भ्रम को तोड़ा है ...

7. ~ फ़रेबी रंग ~

जितने रंग उतना फरेब है -
अंतर्मन सबका एक है -
वो बात दीगर है - सहज सरलता से परहेज है ।

दिल काले हैं - चेहरों पर फिर भी ना जाने कैसा तेज है -
ये वक़्त का कैसा भेद है - जिसके जितने ज्यादा रंग - वो दिल के उतना अजीज हैं -
चाहे छल कपट से लबरेज़ है ।

और मैं भी कितना बे-रंग हो गया हूँ ~
हर रंग में तो रंग जाता हूँ ।

तन्हा जो - वो रंग श्वेत है ।
हाँ - पसंदीदा रंग सफ़ेद है ।
रूह को रंगे - वही मुर्शद वही रंगरेज है . . .

8. ~ माँ सिर्फ़ माँ ~

माँ जीवंत है मुझ में -
नभ में - जग में , हर इक पल में जहां - जहां उसका स्मरण हुआ ।

कहो राम बोलो अली - इस सृष्टि में कब माँओं का मरण हुआ ।

वात्सल्य , त्याग , स्नेह , अपनापन - आकाश जैसा विशाल मन -
सागर समान अंतःकरण ।
नाम मात्र से ही जिसके - देवो का भी तर्पण हुआ ।

कहो राम बोलो अली - इस सृष्टि में कब माँओं का मरण हुआ ।

माँ ख्याल है मुझ में -
प्रेम में - करुणा में - जैसे धरती(माँ) और जैविक(माँ) का संगम दर्पण हुआ।
ब्रह्माण्ड में रहे संतुलन , समावेश क़ायम - तभी तो माँ नाम की संज्ञा का अवतरण हुआ ।

माँ यही है - चेतना में , साँस में -
उसी से तो संसारी रचना का हर इक कण - कण हुआ ।
सृजन में ऐसा कुछ नहीं , बिना जिसके किसी का अस्तित्व हुआ - हर इक चीज माँ का रूप है -
ये जीवन उसके चरणों में अर्पण हुआ ।

कहो राम बोलो अली - इस सृष्टि में कब माँओं का मरण हुआ . . .

9. ~ इस पार या उस पार ~

हर तर्क का आधार हूँ - बेतर्क़ बेशुमार हूँ

वक्त का अहंकार हूँ
बेअसर - बेकार हूँ

लाचार हूँ बेज़ार हूँ - दर्द पे सवार हूँ
मैं कह्कशों का बाज़ार हूँ ।

बुज़ुर्गों की मार हूँ -
या बच्चों सा प्यार हूँ

रातों का अंधकार हूँ
पहली किरण की चहकार हूँ

सच कहूँ तो मैं -
सच और झूठ के उस पार हूँ . . .

10. ~ शून्य प्रेम ~

अभी दुनियावी हिसाब किताब में उलझी हो,
जब शून्य सी हो जाना ~ मेरी बज़्म में आना तब ।

महफिल में मेरी तुम - मुझे नही पाओगी, झुंझलाना नहीं,
मैं सामने से आवाज़ दूँ ~ घबराना तब ।

मौत का क्या है जब आएगी तब आएगी
गर चैन से सोना हो ~ नज्में मेरी गुनगुनाना तब ।

ये इंतज़ार ए घड़ियां ये तमाशा ए ज़िंदगी ,
ये मुर्दे एहसास ये खोखले जज़्बात ,
रूबरू होना हो जिंदादिली से तो आना किसी शब।

अभी दुनियावी हिसाब किताब में उलझी हो,
जब शून्य सी हो जाना ~ मेरी बज़्म में आना तब . . .

11. ~ वज़ूद ~

तू वज़ूद है मेरा - है हक़ीक़त भी ;
वहम, यक़ीन, गुमान है तू मेरा ।

टूटे हुए सपनो का शोर भी तुझसे है ;
नवप्रीत रचनाओं का भोर भी तुझसे है ।

तू अवरोधक है - है गतिशील भी ;
सोच समझ कर मिला हुआ वरदान है तू मेरा ।

ज़िंदगी के उतार चढ़ाव का गहरा नाता तुझसे है ;
इस ऊँच - नींच के खेल का तजुर्बा ,औरों से बेहतर, मुझमें - तुझसे है ।

तू भी ला - इलाज , है इश्क़ भी ;
तू भी ला - इलाज , है इश्क़ भी ;

फिर भी उम्मीद के सौ शम्मों का चिराग़ है तू मेरा ।

तू वज़ूद है मेरा - है हक़ीक़त भी . . .

12. ~ बचपना ~

चलो फ़िर से बच्चे बन जाते हैं,
घर-घर खेलते हैं और झूठ मूठ की तुम्हारी शादी रचाते हैं.

वो इमली और बेर याद हैं, एक आना मांगते हैं घर से
और ढेर सारी चूरन की गोलियां ले आते हैं.

चलो फिर से बच्चे बन जाते हैं - खिलौनों की जिद में खाना नहीं खाते हैं.
माँ के मनाने पर - लाड़ लड़ाने पर मान जाते हैं,
और दो कोर खाते ही सो जाते हैं।

स्कूल न जाने के लिए पेट दर्द का बहाना बनाते हैं.
कट्टी करते हैं पर झट से मान भी जाते हैं।

पिताजी की नई कलम उठा लाते हैं,
और घर की सभी दीवारों पर अपनी कलाकारी दिखाते हैं।

चलो ना फिर से बच्चे बन जाते हैं...

13. ~ मैं , तुम और कॉफ़ी ~

मैं आज भी रात में कच्ची नींद ही ले पाता हूँ ।
कुछ साझा करना हो तो झट से फ़ोन उठा तुम्हारे नाम के अक्षर तक पहुँच जाता हूँ -
नाम कहीं नही पाता हूँ।

गीत आज भी अधूरे गुनगुनाता हूँ ।
चाहता तो बहुत हूँ इन्हें पूरा करना - कर नही पाता हूँ ।

दिवाली पे घर पूरा ख़ुद ही सजाता हूँ , और बस सज़ा ही पाता हूँ ।
मीठा पहले भी नहीं खाता था - अब भी नही खाता हूँ ।
अंत में कुछ बुझते दिए जलाकर सो जाता हूँ।

हर इतवार तैयार हो कर निकल जाता हूँ ।
दर ख़ुदा के जाऊँ या दरवाज़ा यार का खटखटाऊँ -
इसी कश्मकश में कमबख़्त सारा दिन गँवा आता हूँ -
पहुँच कहीं भी नही पाता हूँ ।

हाँ कभी कभार एक कप कॉफ़ी का ज़रूर अकेले में पी आता हूँ ।
तुम्हें तो मालूम ही है - इसका मोह नही छोड़ पाता हूँ ।
वैसे छोड़ा तो तुम्हारा भी नही था कभी ।

शिकायतें नहीं कर रहा हूँ । बस जो मन में आता है लिखता चला जाता हूँ -
अब ज़्यादा सोच ही कहाँ पाता हूँ . . .

14. ~ कोरापन ~

कभी इतना कोरा होकर देखा जाए -
एक हर्फ़ भी लिख जाए गर कोई - पत्र उसका ग़ुलाम हो जाए
ना कोई ज़ात हो - ना ही कोई पहचान बच जाए ।

ताल चाहे जैसी भी हो सच्चा सुर मिले तो साज़ बन जाये ।
पुकारो तो कुछ ऐसे - जो भी सुने - वही आवाज़ बन जाये ।

मानो तो सफ़ेद संसार - ना मानो तो रुई का पहाड़ ~

कल भी मचोढ़ा -फाड़ा - फैंका जाता था -
आज भी बच्चों का जहाज़ बन जाए ।

मोहब्बत-ए-सलीक़े से जो चाहे वो लिखा जाए -
ना रखना वहशत मन में - ना शब्दों का जंजाल बन जाए ।

पढ़ सको तो इक नुक़्ता काफ़ी - समझो तो कहानी विस्तार ।

कभी इतना कोरा होकर देखा जाए . . .

15. ~ लहसुन की कली ~

मेरी ज़िंदगी भी तो लहसुन की तरह ही है,
छोटी - छोटी कलियों का एक गुच्छा हूँ मैं -
सृष्टि के छे (६) में से पाँच (५) रस समेटे हूँ मैं ।

कभी कूटा जाता हूँ - कभी मसला जाता हूँ,
और कहीं तो साबुत कच्चा ही चबाया जाता हूँ मैं ।

कहीं देसी चटनी हूँ तो कहीं आयुर्वेदिक औषधि हूँ मैं ।

एक सुरक्षात्मक काग़ज़ी परत चढ़ा रखी है प्रकृति ने -
यदि ज़्यादा मसला जाऊँगा तो बिखरता चला जाऊँगा मैं ।

अंत में जब सारी परतें खुल जाएँगी और कुचल कर रह जाऊँगा मैं,
महकना तो फ़िर भी लाज़मी है -
और महकूँगा तो दूर तलक बतलाऊँगा मैं . . .

16. ~ बीते पल ~

बीते हुए पलों को जब भी मैं याद करता हूँ, गुजरे लम्हों से जब कभी फ़रियाद करता हूँ।
तेरी रूह को महसूस अपने आस - पास करता हूँ।

तेरी जुदाई के दर्द में भी मुस्कुराता रहता हूँ -
इन सुर्ख़ दीवारों पे तेरा नाम लिख लिख के मिटाता रहता हूँ।

जानता हूँ तेरे दिल में मेरे लिए पनाह नहीं -
इसलिए तो तनहाइयों के आग में इस दिल को जलाता रहता हूँ।

सिसकता हूँ, पल - पल मरता हूँ, फिर भी दिल में उम्मीद की सौ शम्में जलाए रहता हूँ।

अशकों में बहता रहता हूँ , क़तरा - क़तरा सहता रहता हूँ ।
लम्हे तेरी मोहब्बत के थे, या अरमानो पे शफ़क़ तेरी चाहत के -
रात दिना बस यही सोचता रहता हूँ ।

चलता हूँ चल के फिर थम जाता हूँ,
राह - ए - मंज़िल पर अक़्सर डगमगाता रहता हूँ ।

बीते हुए पलों को जब भी मैं याद करता हूँ , गुजरे लम्हों से जब कभी फ़रियाद करता हूँ ।
तेरी रूह को महसूस अपने आस - पास करता हूँ ।
अपने आस - पास करता हूँ . . .

17. ~ कारवाँ ~

चलते - चलते आज आया हूँ वहाँ, जहां से चला था कभी मेरा कारवाँ
।
पीछे मुड़ कर गुज़रे वक़्त को देखता हूँ, याद करने की कोशिश करता
हूँ ।

कब अपने चेहरे पे हँसी देखी थी मैंने, लहरों पे उड़ती कश्ती देखी थी
मैंने ।
कब अपने लिए कुछ माँगा था मैंने, हमेशा दूसरों पे वक़्त लुटाया था
मैंने ।

ज़हन में हैं तो बस वो ज़िल्लत की रातें, दर्द जिनका इस दिल में
छुपाया है मैंने ।

कुछ अनसुलझे पहलुओं में आज भी उलझा बैठा हूँ ,
अपने आप से रो लेता हूँ - अपने आप से गा लेता हूँ ।

कोई हंस के बात कर लेता है तो हंस के गले लगा लेता हूँ ,
कोई दो कदम साथ देता है तो उम्र भर साथ निभाने का वादा मैं देता
हूँ ।

अपने लिए अपनो से कुछ माँगा जब मैंने, सब वक्त की दुहाई देते हैं ।
आज जाना हूँ ये वक़्त भी सबको नूर - ए - इलाही देते हैं ।

वक़्त के मिज़ाज को पहचाना अब मैंने ,
तो कमबख़्त वक़्त भी किश्तों में पाया है मैंने ।

क्या इसी दिन के लिए बनाया था ये जहां - सजाया था आशियाँ ।
चलते - चलते आज आया हूँ वहाँ, जहां से चला था कभी मेरा कारवाँ

. . .

18. ~ अध्यात्म और भूटान ~

(जहां सिर्फ़ ख़ुशियाँ मापी जाती हैं - भूटान एक ऐसा आध्यात्मिक देश है जहाँ सकल राष्ट्रीय ख़ुशी मापी जाती है और ये वहाँ के कण कण में विदित है)

~ ऐसा देश जहां वक़्त थम जाता है - उस थमे हुए पल में लिखे कुछ शब्द ~

०

कुछ अजनबी से हम रहे ~ कुछ अजनबी शख्सियतें।

वो देश कुछ और था ~ न फिक्र थी ना गुमान था ~ बस खुशियों की वसीयतें।

गुरुओं का ये फरमान था ~ राजाओं का अरमान था ~ आध्यात्मिक करुणामई प्रेम से रहें सब धरातल सींचते।

मिरचों की जैसे खान था ~ रहस्मयी दस्तर-ख़्वान था ~ फिर भी मीठी सी हकीकतें।

नदियों में भी थी समानता ~ स्त्रीयों की थी प्रधानता ~ क्या खूब थी रियासतें ।

गहरा नीला आसमान था ~ रंगो का उफान था ~ जैसे कुदरत ने दी हो दस्तकें ।

हाँ वो देश भूटान था ~ मैं घर कैसे पहचानता ~ सब एक ही सी तो थी इमारतें।

इक पल को वक्त जैसे थम गया था ~ मानो छल – कपट – रंग – भेद सब मिट गया था ।

कुछ पल के लिए ही सही हम सब अपनी अपनी आशाओं और किस्मत का उस मोड़ पे इंतजार करते है और फिर पलक झपकते ही अपने अपने रास्तों पे है निकलते।

फिर मिलेंगे शायद इसी मोड़ पर ~
शर्त बस इतनी सी है ~
कुछ अजनबी से हम रहेंगे कुछ अजनबी रखना अपनी – अपनी शख्सियतें . . .

19. ~ काला आज ~

तेरा मेरा साज़ है ये ~
कैसा काला आज है ये ।

रंगो का अकाल है ये ~
सबका हाल लाल है ये ।

छत पे बैठा बाज़ है ये ~
भूखा प्यासा राज़ है ये ।

वक़्त का तकाज़ है ये ~
काल का रीवाज़ है ये ।

महंगा है अनाज है ये ~
कल का मरता आज है ये ।

साज़िशों की बात है ये ~
गोरी चीनी गाँठ है ये ।

गर्दिशों की रात है ये
प्राची पे ही आस है ये . . .

20. ~ गल मुक जान दे ~

तू की लभदा फिरदा ऐ ~
ना ऐ बोल तेरे, ना साह तेरे

ते राह तां मुसाफिरा दे हुंदे ~
अज तेरे ने कल किसे होर दे होणे ।

ग़ल मुक़दी ऐ ते मुक जाण दे ~
एहना बोलाँ नूँ - साहाँ ते राहां नूँ
रूल जाण दे ।

उस नाल यारी ऐवें थोड़ी निभदी ऐ ~
रूल - रूल के ही ग़ल बणदी ऐ ।

इक हुंदी यारी ते इक हुंदी रूहानी यारी, ज़िथे रब नाल - नाल तुरदा ऐ
।
यारी विच रिश्ते नाते हुंदे ने ~
ते रुहदारी विच भाँवे कोई होवे ना होवे,
भाँवे ईंट पत्थर होवे,
भाँवे नदी जंगल होवे,
ते उस जंगल विच खिल्दा, महक़दा फूल होवे ।
ते फ़ूलां नू महक जान दे, खिल जान दे,
ग़ल मुक़दी ऐ ते मुक जाण दे ~

रूल - रूल के ही ग़ल बणदी ऐ ।
ग़ल मुक़दी ऐ ते मुक जाण दे . . .

21. ~ महाकुंभ ~

चारों तरफ़ शोर है ~ घट घट में ,
जन - समूह घनघोर है ।

कोई भाव विभोर है ~ रण- रण में ,
कहीं लगता बाजुओं का ज़ोर है ।

अघोर है चितचोर है ~ आनंद में ,
यज्ञों का चलता दौर है ।

काल का प्रकोप है ~ दुख़द है मरण में ,
हाँ भगदड़ है मगर आस्था पुरज़ोर है ।

आंतरिक , व्यवहारिक , चिंतनशील स्तंभ हैं जिसके कण - कण में ,
तीर्थों की नगरी का राजा कौन है ।

प्रयागराज में है संगम ~ रज रज में ,
ऐसी धरती का दर्शनभर अनमोल है ।

इस दुनिया रूपी कुम्भ में, ये महाकुंभ का गोता भी तो कर्मों का
निचोड़ है . . .